CONCILIATEUR

DE TOUTES

LES NATIONS D'EUROPE,

OU

PROJET

DE PAIX PERPÉTUELLE

Entre tous les Souverains de l'Europe & leurs Voisins.

Par P. A. G.

1782.

Les moyens qu'on propose sont infaillibles
et très-faciles à mettre en uſage, pour établir
et maintenir cette Paix sous la dénomination
d'union univerſelle.

On peut bien, à juste titre, la nommer
universelle, parce qu'elle s'étendra dans les
quatre principales parties de la Terre ; c'est-
à-dire, en Europe, en Asie, en Afrique & en
Amérique, & y éteindra le feu de la Guerre
qui s'y trouve présentement allumé.

DÉFINITION
DE LA PAIX.

LA Paix est le lien de la société des hommes, les délices de la Nature, la colonne des Loix, la tutrice des Arts, la conservatrice des Souverainetés, et la couronne des Victoires; c'est elle qui fait régner la Justice, qui cultive les Mœurs, qui rend tous les Peuples utiles les uns aux autres par le moyen du commerce; c'est elle qui maintient chacun dans ses propriétés, qui change les peines en plaisirs, et qui ouvre de toutes parts des sources de félicité aux Empires.

La Paix; enfin, la Paix est le plus riche de tous les présents que les Souverains puissent faire aux Peuples.

Néanmoins, pour qu'elle soit ferme & durable, il faut absolument que les conditions en soient justes, qu'elles ne causent point de dommage notable à aucun, que l'honneur de tous s'y trouve conservé, et que chacun puisse se faire gloire d'avoir consenti de bon cœur, et avec pleine connoissance de cause, à toutes les conditions insérées dans le dernier Traité.

SUPPLIQUE

TRÈS-RESPECTUEUSE,

Pour demander la Paix perpétuelle à un Roi très-pacifique et très-intègre.

SIRE,

LA bienfaisance qui semble être innée dans VOTRE MAJESTÉ, pour y établir son trône, et y régner d'une manière particulière, a encouragé le

nommé P. A. G. à prendre la très-res-
pectueuse liberté de lui présenter ce Projet de Paix perpétuelle, dont HENRI
LE GRAND en fut le Fondateur, en
la suppliant le plus respectueusement et
le plus fortement qu'il peut lui être permis, de l'adopter tel qu'il est, ou après
que VOTRE MAJESTÉ aura pris la
peine d'y ajouter ou retrancher tout ce
qu'Elle jugera à propos pour le rendre
meilleur. Il ose vous demander cette
grace, SIRE, par la vénération
due à la mémoire de ce grand Prince,
et par tout ce que VOTRE MA-
JESTÉ a de plus cher en ce monde,
et dans le séjour des bienheureux en
l'autre.

Il avoue qu'il est un sujet bien petit
pour traiter une affaire si grande, et qu'il
a même resté quelque temps sans en oser
parler. Néanmoins, ayant remarqué que
ce qu'il y a de plus simple entre les mains
d'un chasseur (une pierre petite et brutte)
produit du feu qui fait tomber à ses pieds
toutes sortes d'animaux, même les plus
redoutables ; et que ce qui passe de plus
vil (le fumier) entre les mains du labou-

reur fait produire une quantité prodigieuse de fruits délicieux, très-utiles et très-agréables aux hommes ; ayant remarqué, dit-il, les effets merveilleux de ces deux choses, il s'est trouvé réellement persuadé et parfaitement convaincu que son Projet de Paix entre les mains de VOTRE MAJESTÉ y fera un effet admirable.

Effectivement, SIRE, si vous l'honorez de votre approbation, il fera tomber à vos pieds le monstre destructeur du genre humain (la Guerre) qui est encore plus redoutable et plus à craindre qu'aucun animal ; et outre cela, il fera produire abondamment une infinité de fruits dans tous les Pays où il sera adopté, et y fertilisera des campagnes entières, même sans qu'il en coûte rien.

Oui, Sire, sans qu'il en coûte rien, parce que les peines qu'on sera obligé de prendre, et les dépenses qu'il faudra faire pour établir et maintenir cette Paix, ne seront rien en comparaison des dépenses ruineuses qu'il faut faire, et des peines accablantes qu'on est forcé de prendre pour faire la Guerre.

Sans qu'il en coûte rien, dit-il, parce que, dès que VOTRE MAJESTÉ voudra bien, Elle adoptera ce système de Paix, et tous les Souverains d'Europe se feront un plaisir de marcher sur ses traces, pour exercer leur bienfaisance envers tous les Peuples, et transformer l'Europe en un véritable Paradis Terrestre.

LETTRE
CIRCULAIRE

A chaque Particulier véritablement ami de tout le genre humain, et parfaitement zélé pour la gloire et le bonheur de tous les Souverains et de toutes les Nations d'Europe.

M

LE nommé P. A. G. prend la respectueuse liberté de vous présenter ce Projet, tendant à établir la Paix perpétuelle entre tous les Souverains de l'Europe et leurs Voisins, en vous priant de faire tout votre possible pour le faire adopter tel qu'il est, ou après que vous aurez pris la peine d'y ajouter ou retrancher tout ce que vous jugerez à propos pour le rendre meilleur.

Il prend encore la liberté de vous observer, M   , que de toutes les affaires (concernant la gloire et le bonheur temporel et éternel de tous les Souverains et de toutes les Nations d'Europe, et de plusieurs autres principales parties de la Terre) celle-ci est la plus intéressante, et conséquemment celle qui mérite le plus d'être honorée de votre attention.

MOYENS
INFAILLIBLES

*Pour établir et maintenir la Paix perpé-
tuelle entre tous les Souverains de
l'Europe et leurs Voisins.*

PREMIER MOYEN.

OUTRE le Médiateur, connu sous la
dénomination d'Ambassadeur ou chargé
d'affaires, que chaque Souverain est en
usage d'entretenir dans chaque Cour
étrangère, il sera encore établi dans la
ville de Lyon, ou dans tel autre endroit
qu'on jugera le plus convenable, un
Congrès perpétuel, composé d'un Médiateur de chaque Souverain d'Europe et
de tous leurs Voisins à qui il plaira d'entrer dans l'union universelle. Dès que les
Médiateurs seront au nombre de dix, à
l'endroit désigné, pourvu qu'il y en ait
au moins cinq des Souverains hérédi-

taires, ils y délibéreront, à la pluralité des voix, sur tous les différends de leurs Maîtres. Lorsque les voix seront égales, toutes se rangeront du parti du Président, lequel sera toujours le Médiateur du Souverain héréditaire le plus âgé (c'eſt-à-dire, du Doyen par rapport à l'âge) qui se trouvera à l'Assemblée, laquelle sera convoquée par quel Médiateur qu'il ſoit, héréditaire ou électif.

Réflexions. « Le premier Souverain
» qui adoptera cette union, la communi-
» quera vraisemblablement à tous ses
» Confrères qu'il connoîtra incliner le
» plus vers la Paix perpétuelle, et les
» invitera à envoyer chacun un Médiateur
» à l'endroit qu'il jugera le plus conve-
» nable pour y établir ledit Congrès.

» Les Médiateurs seront choisis par les
» Souverains, et seront sans doute les
» plus pacifiques, les plus éclairés et les
» les plus intègres qu'ils pourront trou-
» ver parmi leurs Conseillers ; consé-
» quemment cette auguste Aſſemblée sera
» l'élite des meilleurs esprits de toute
» l'Europe ; et tous les Souverains unis
» se feront sans doute gloire de les avoir

» pour Conseillers, et d'acquiescer à
» leurs délibérations.

» Ce respectable et judicieux Congrès
» (par son intégrité, par ses lumières,
» et par la pleine liberté qu'il aura de
» parler, sans crainte de déplaire à per-
» sonne) tempérera infailliblement, par
» ses délibérations justes et impartiales,
» tous les Conseils des Cours, qui sont
» la plupart trop attachés à des intérêts
» et honneurs imaginaires de leurs Pa-
» tries, au préjudice des étrangères. »

SECOND MOYEN.

Par Terre et par Mer, tous les Souverains héréditaires céderont la préséance
aux plus âgés de leurs Confrères, et ceux-
ci l'accepteront avec toute la politesse
convenable entre véritables amis, sans
aucun égard à leurs Puissances, ni à
l'ancienneté de leurs Maisons ni de leurs
Souverainetés. Tous les Souverains électifs céderont également la préséance à
leurs Confrères les plus âgés, et à tous
les héréditaires.

Remarques. « Il est à propos que les
» Électifs donnent toujours la préséance

» aux Héréditaires, parce qu'étant réglée
» par l'âge, les Héréditaires ne l'auroient
» presque jamais, attendu que tous les
» Électeurs élisent ordinairement des
» Souverains très-âgés.

» Selon ce syſtême, la préséance fera
» autant d'honneur à celui qui la don-
» nera, qu'à celui qui la recevra, parce
» que l'un et l'autre se conformeront à
» l'ordre respectable établi par la nature
» et par la raison ; au lieu que, dans le
» syſtême actuel, la préséance ne fait
» honneur ni à celui qui la reçoit, ni à
» celui qui la donne , parce que le
» plus souvent elle n'eſt qu'un simulacre
» d'abaiſſement impoſé par celui qui la
» reçoit à celui qui la donne; abaissement
» qui ne plaît pas toujours à un Souverain
» qui se voit plus âgé, et qui a lieu de
» se croire plus puissant, plus judicieux
» et plus intègre que celui devant lequel
» il s'abaiſſe.

» Un des plus anciens, des plus éten-
» dus et des plus respectables usages qui
» soit aujourd'hui entre gens de même
» condition bien inſtruits, c'est de céder
» la préséance aux plus âgés ; consé-

» quemment, les Souverains étant tous
» d'une même condition (Lieutenants de
» l'Être Suprême) , et, comme lui ,
» portés à la bienfaisance, j'ose me flat-
» ter qu'ils se feront tous un devoir et
» même un plaisir de se conformer au
» même usage , parce qu'il désigne tou-
» jours un respect réellement dû à l'an-
» cienneté d'âge. »

TROISIEME MOYEN.

Chaque Souverain se contentera des
Pays dont il se trouvera en possession
lors de la première délibération du Congrès , sauf ceux qui se trouveront être le
sujet de quelque contestation, lesquels ,
par ladite première délibération , seront
adjugés et unis aux Souverainetés que les
Médiateurs jugeront à propos ; c'est-à-
dire, que chaque Souveraineté restera
dans les bornes qui lui seront assignées ou
confirmées par ladite première délibération , sans pouvoir être agrandies ni
diminuées par aucune raison quelconque ,
pas même à titre d'apanage , ni de dot ,
ni de douaire. Toutes ces choses seront
payées en argent ou en fruits, mais jamais

en fonds , parce que cela a occasionné et occasionneroit encore infailliblement une infinité de guerres. On fera seulement tous les échanges que le Congrès jugera à propos des Pays écartés , pour les approcher du centre des Souverainetés et les acquérir.

Nota. « Cet article, qu'on peut con-
» sidérer comme la base de tous les autres,
» plaira sûrement à tout Souverain in-
» tègre , parce qu'il n'a point de defirs
» injustes d'envahir le bien d'autrui ; et
» il sera réellement bien plus glorieux à
» chaque Souverain de l'adopter, que de
» chercher à reculer les bornes de son
» Empire dans les Domaines des autres. »

QUATRIEME MOYEN.

Si un Souverain, quel qu'il foit de l'union, vient à mourir fans héritier présomptif , ou s'il porte ses armes dans quel Pays étranger que ce soit, avant d'en avoir obtenu la permission du Congrès , ledit Congrès élira (pour le remplacer, même à force d'armes, dans tous les biens et honneurs attachés à la Souveraineté) un des Princes légataires d'une Maifon Souveraine,

Souveraine, qu'il jugera le plus capable de rendre ses peuples et ceux de ses Voisins heureux, en gouvernant une Souveraineté, sans aucun égard pour les parens de celui qui sera remplacé : chaque Souverain de l'union fournira tous les secours que le Congrès jugera à propos, pour établir et maintenir le Prince qu'il aura élu dans sa Souveraineté.

« Pour le bien de la Société, il est
» très-utile que le Congrès n'ait aucun
» égard pour les parens de celui qui sera
» remplacé, afin que tous soient inté-
» ressés à lui conserver la vie, et à l'em-
» pêcher d'aller faire la guerre à aucun
» étranger, pour maintenir la Souve-
» raineté dans leur maison. »

CINQUIEME MOYEN.

On laissera à toutes les Nations une entière liberté du commerce par Terre et par Mer ; c'est-à-dire, que chaque Souverain pourra faire entrer dans ses États, et en sortir, toute sorte de marchandises et munitions, même de Guerre, et exiger dans toutes ses possessions tous les impôts qu'il voudra pour les entrées et sorties de qui que ce soit, sans qu'aucun Souverain ait droit de s'y opposer par aucune raison quelconque.

SIXIEME MOYEN.

Chaque Souverain sera toujours maître de construire et entretenir, par Terre et par Mer, toutes les Fortereſſes (pourvu qu'elles soient à deux mille cinq cents pas géographiques des confins), Vaisseaux et Troupes, le tout armé et discipliné comme il jugera à propos, afin de pouvoir toujours maintenir le bon ordre dans ses États, et pour être toujours prêt à se bien défendre contre qui que ce ſoit qui osera attaquer lui ou ses Voisins..

« Il n'y a rien de ſi juste que de se
» bien maintenir dans ses possessions lé-
» gitimes, et rien de plus utile que d'a-
» voir de bonnes Fortifications, et de
» bonnes Troupes pour les bien garder,
» parce qu'elles déconcertent si fort les
» usurpateurs, qu'ils n'osent pas même
» les attaquer. »

SEPTIEME MOYEN.

Chaque Souverain entretiendra perpétuellement un nombre invariable de Régiments, de Compagnies, d'Officiers et d'Aumôniers pour son service de Mer et de Terre. Lorsqu'il viendra à en manquer seulement un (quel que ce puisse être, depuis le premier des Officiers Généraux, jusques et y compris le dernier Sous-Lieutenant et Aumônier) il sera remplacé sans aucun délai. Dans chaque Compagnie, il y aura toujours vingt hommes pour le moins, et de plus, tant que le Souverain voudra, pour son seul plaisir ou pour son besoin ; de sorte que les nombres des simples Militaires, des Caporaux et des Sergens, seront les seuls qui augmenteront ou diminueront à proportion les uns des autres.

Remarques. « Par l'exacte observation
» de ce septième moyen, il n'y aura ja-
» mais d'Officiers oisifs ni trop de No-
» vices; tous ceux qui, par leur naissance
» ou par leur mérite personnel, auront
» droit d'aspirer aux divers grades,
» y pourront monter en tems de Paix

» comme en tems de Guerre, et ils ne
» seront jamais, comme ils sont en tems
» de Paix, intéressés à susciter la Guerre,
» pas même à la desirer. Lorsqu'en tems
» de Paix on laisse des places d'Officiers
» et d'Aumôniers vacantes, et qu'on les
» remplit en tems de Guerre, le simple
» bon sens dicte que cela excite naturelle-
» ment un très-grand nombre de per-
» sonnes accréditées à la desirer, et même
» à la susciter, pour parvenir auxdites
» places, ou pour y faire monter leurs
» protégés.

» Le sens commun assure encore, à ne
» laisser aucun doute, qu'il y a plusieurs
» particuliers qui font durer la Guerre,
» par la juste crainte qu'ils ont d'être re-
» formés, ou que leurs protégés le soient
» lors de la Paix; d'où l'on doit conclure
» que la diminution d'Officiers, en tems
» de Paix, est une politique très-mau-
» vaise et très-injuste : très-mauvaise,
» parce qu'elle fait durer la Guerre; et
» très-injuste, parce qu'elle abandonne
» d'honnêtes gens qui ont travaillé, et
» les laisse sans aucun moyen pour s'en-
» tretenir.

« Ces Messieurs n'ayant pas d'autre art
» que celui de Militaire , et n'ayant
» point, ou très-peu de ressource d'ail-
» leurs, le Gouvernement doit les entre-
» tenir tous honnêtement selon leur état,
» en tems de Paix tout comme en tems de
» Guerre.

» La politique n'est pas moins injuste
» de congédier, à la fin de la Guerre,
» les simples Militaires et Matelots qui
» n'ont aucun moyen pour gagner leur
» vie ; on doit également les entretenir
» en tems de Paix, parce que la Société
» en étant toujours chargée, ils ne lui
» coûtent pas tant en les entretenant dis-
» ciplinés, comme en les envoyant à la
» débandade, bien souvent forcés d'aller
» voler pour avoir de quoi vivre.

» En tems de Paix, l'on doit aussi en-
» tretenir ces pauvres garçons, et les
» occuper à reparer ou à construire des
» Vaisseaux, des Forteresses, des digues,
» des grands chemins, des ponts, des
» canaux d'arrosage , des pavés, &c.
» A la fin de la Guerre, l'on ne doit
» congédier que ceux qui ont le moyen
» de s'entretenir honnêtement, en tra-

» vaillant selon leur état, sans être à
» charge ni faire tort à personne. »

HUITIEME MOYEN.

La Noblesse pourra, sans déroger à
son état, s'occuper à plusieurs Arts et
Métiers, principalement à l'Agriculture,
aux ouvrages de soie, de coton, de
chanvre, de lin, de laine, d'Orfévrerie,
d'Imprimerie, de Commerce, &c. acheter
et revendre en gros et en détail toute sorte
de marchandises.

« Ce huitième moyen engagera la No-
» blesse à protéger la Paix d'une manière
» particulière, afin de n'être pas troublée
» dans le Commerce, qui lui fera autant
» d'honneur que la Guerre, et lui don-
» nera beaucoup plus de profit. »

RECUELL

DE QUELQUES

OBJECTIONS ET RÉPONSES,

Pour et *contre la Paix et la Guerre.*

PREMIERE OBJECTION.

» LA Guerre est un fléau de Dieu né-
» cessaire à sa Justice, conséquemment
» les Souverains ne peuvent l'éviter,
» mais ils doivent même la faire pour
» punir les peuples. »

RÉPONSE.

Les fléaux de Dieu nécessaires à sa
Justice, pour punir les peuples, sont di-
verses maladies épidémiques, les pluies,
les sécheresses, les chaleurs et les froids
excessifs ; les grêles, les tempêtes, les

orages, et généralement tous les maux dont l'homme ne peut empêcher les commencements ni diriger le cours.

L'expérience et le sens commun démontrent assez clairement, à toute personne raisonnable qui veut les écouter, que la Guerre n'est qu'une très-mauvaise production du libre Arbitre des Souverains agresseurs ; tout comme la Paix est une excellente production du libre Arbitre des Souverains défendeurs et pacifiques. Oui, la Guerre est une production du libre Arbitre des Souverains agresseurs ; car, soit les mauvais conseils, ou l'avarice, ou l'ignorance, &c. qui les induisent à aller faire la Guerre chez les autres, ou à leur donner un juste sujet de venir la faire chez eux, il est toujours vrai qu'ils sont les seuls auteurs de la Guerre, et qu'ils pourroient (s'ils savoient et vouloient bien) l'éviter.

Soutenir que les Souverains agresseurs ne peuvent éviter la Guerre, c'est démentir la Sainte Écriture même, puisqu'elle nous assure que David l'évita en la rejetant, lorsqu'on la lui proposa ; et si les Souverains agresseurs imitoient

David en semblable cas, il est très-certain qu'il n'y auroit jamais de Guerre entre Souverains.

Dire que tous les Souverains ne peuvent pas terminer tous leurs différends à l'amiable, et vivre toujours en Paix entre eux, c'est vouloir leur ôter le glorieux titre de Pères des peuples, qu'ils méritent si bien, lorsqu'ils les gouvernent en Paix ; c'est vouloir leur ravir la gloire de les rendre heureux ; c'est vouloir déroger à leur puissance, même à leurs droits ; c'est soutenir, mais d'une manière oblique et maligne, qu'ils ne peuvent rien par eux-mêmes.

Enfin, soutenir que les Souverains ne peuvent point vivre en Paix entre eux, c'est vouloir leur usurper le plus précieux de tous les présents que l'Être Suprême leur a fait, je veux dire le libre Arbitre.

Finalement, soutenir que les Souverains peuvent éviter la Guerre, mais qu'ils veulent la faire pour leur propre satisfaction, c'est parler contre la vérité, et déroger à la bienfaisance, à l'humanité et à l'intégrité des neuf dixièmes ; c'est-à-dire, que de dix Souverains, il y en a neuf; que quand ils font la Guerre, c'est malgré eux, c'est qu'ils y sont forcés par quelque agresseur ordinairement très-mal conseillé.

SECONDE OBJECTION.

« La Guerre est utile pour faire acqué-
» rir de la gloire aux Souverains qui
» agrandissent leurs États par la force
» des armes. »

RÉPONSE.

Si les Souverains n'agrandissoient leurs États que de quelques Pays dont les habitans troubleroient le repos de leurs voisins, ou de quelques Pays inhabités, ou de quelques autres qu'on leur auroit usurpé ou promis de les leur remettre, à la bonne heure, cela feroit honneur à leur mémoire; mais, dès qu'ils n'agrandissent leurs États que de Pays bien policés, et dans lesquels ils n'ont point d'autres droits que ceux que la force des armes leur donne, cela ne leur acquiert aucune gloire, ni aucun droit à la vénération de la Postérité.

TROISIEME OBJECTION.

« La Guerre est utile à la Noblesse,
» afin de lui procurer des emplois dans
» le Militaire, et des pensions de retraite
» capables de l'entretenir dans un état
» convenable à sa naissance. »

RÉPONSE.

Le véritable état qui convient à la Noblesse, c'est de s'occuper à défendre la Patrie, et à maintenir les Regnicoles et les Étrangers, chacun dans leurs propriétés, par la force de ses armes, et encore plus par des exemples de vertu et de bienfaisance. Elle a droit de porter les armes, mais ce n'est pas pour agresser l'Étranger ni le Regnicole.

S'il y a un particulier de Noblesse qui gagne dans la Guerre, il y en a neuf qui y perdent ; conséquemment elle lui est à charge, bien loin de lui être utile. Par l'exacte observation du septième et huitième moyen ci-devant, la Noblesse servira son Souverain, défendra sa Patrie, maintiendra le bon ordre, fera des profits considérables dans le Commerce, parviendra aux Emplois Militaires, gagnera des pensions de retraite en tems de Paix tout comme en tems de Guerre, et elle ne risquera jamais de perdre sa vie ni son bien.

QUATRIEME OBJECTION.

« La Guerre est utile pour faire circuler les finances. »

RÉPONSE.

Oui, elle les fait circuler, mais d'une manière très-préjudiciable à la Société ; car l'on est obligé de ramasser presque toutes celles des Souverainetés qui sont en Guerre pour les porter aux Armées, ou leur fournir tout ce qui leur est nécessaire. Les Souverains vuident leurs coffres, empruntent à gros intérêts, vendent la Justice, c'est-à-dire, toutes les Charges publiques, engagent leurs revenus de plusieurs années à venir, prorogent les impôts anciens ; et quand la Guerre est un peu longue, ils sont forcés d'en créer de nouveaux, qu'on ne lève jamais plus. Et pourquoi ? Pour faire la Guerre, c'est-à-dire, pour entretenir les plus formidables Armées qu'il leur est possible, toujours occupées à couler à fond quelques Vaisseaux et tous leurs équipages, ou à les prendre avec leurs cargaisons ; à troubler le Commerce, à s'emparer de quelque Ville, de quelque Isle et de quelque Province, ou au moins les piller, les ravager, les brûler, et les mettre de fond en comble ; à dépouiller et ruiner des familles entières ; enfin, toujours occupées à lancer des coups mortels par mille différentes manières, et tuer impitoyablement toute sorte d'honnêtes gens qui se trouvent dans les Villes que l'on canone ou que l'on bombarde, sans distinction d'âge, ni de sexe, ni de condition. Voila comment et à quelles fins la Guerre fait circuler les finances.

Pour les faire circuler, il y a un grand nombre d'autres moyens qui feroient du bien à un nombre infini de personnes, sans jamais faire le moindre mal à aucun, et qui éleveroient dans une gloire immortelle tous les Souverains et leurs principaux Ministres qui seroient exacts à les faire valoir.

1°. Il y a une infinité d'endroits où il n'y a point de chemins faciles pour transporter les marchandises utiles des Villages aux Villes, pas même pour se visiter commodément entre amis, et se procurer les choses de première nécessité de Village à Village ; il faut, à force de travaux, y faire des chemins praticables et commodes en tout tems.

2°. Il y a plusieurs campagnes désertes et arides qui ne produisent rien, ou très-peu, faute d'y avoir de l'eau. Il faut aussi, à force de travaux, les rendre fertiles, en y faisant des chemins praticables, en y bâtissant des maisons pour y loger des Laboureurs et autres Artisans, en y conduisant de l'eau de rivière par de grands canaux, à travers des marais, des ruisseaux et des colines, pour y faire des fontaines et y arroser. Dans d'autres endroits, l'on n'y en peut point conduire d'aucune rivière ; mais, par le moyen de grosses chaussées, on y pourroit faire de très-grandes écluses, et les faire remplir d'eau de pluie et de neige, en y conduisant aussi, par de grands canaux, celle de plusieurs ruisseaux qui en donnent abondamment une et souvent plusieurs fois chaque année. Ces écluses donneroient continuellement une quantité d'eau suffisante pour y faire des fontaines, et arroser tous les jardins potagers et prés qui y seroient utiles.

3°. Il y a des rivières qui, faute de quelques digues, couvrent et gâtent des territoires immenses qui seroient très-bons pour produire abondamment plusieurs sortes de fruits. Il y faut faire et entretenir de bonnes digues, et n'y laisser d'inculte que le terrein utile pour le passage des eaux, ainsi qu'on fait en Hollande.

4°. Il y a des années abondantes en toute sorte de fruits en certaines contrées, pendant que d'autres sont fort stériles ; alors il faut faire, comme plusieurs bons Intendans font pour le public dans leurs départements, remplir des magasins de tous ceux qu'on y peut conserver, pour les porter, en prêtant ou en payant, chez les voisins qui en ont besoin, ou pour les user dans le pays lors des années steriles qui viennent après ; de manière que la disette ne puisse jamais entrer dans la Société.

5°. Il y a des pays très-fertiles en toute sorte de fruits, et pas assez peuplés pour les y consommer ; il y faut entretenir des Militaires à cheval ou à pied pendant quelques mois ou pendant toute l'année, en faire partir les uns à mesure que les autres y entrent, pour y consommer, en payant, les fruits qu'on y a de reste.

6°. La grêle, les orages, les maladies épidémiques, les incendies, &c. causent souvent des dommages énormes à tous les habitans ou à une partie de divers pays ; alors il faut apporter *gratis*, ou en prêtant, tous les secours nécessaires à ces infortunés.

7°. Il y a des pères et mères si mal éduqués, si pauvres, et quelquefois si paresseux et inhumains, qui laissent périr de misère leurs enfants, ou qui les élèvent si mal, qu'ils deviennent la partie honteuse et l'opprobre du genre humain. Il faut les priver du glorieux titre de père et de mère, et de l'autorité qu'ils ont sur leurs enfants, les leur ôter, et les placer chez de bons habitans capables de les bien élever et leur donner de l'industrie, en leur donnant toute l'autorité paternelle jusqu'à jusqu'à ce qu'ils aient atteint l'âge de vingt ans, et en leur payant une modique pension jusqu'à l'âge de dix ans.

8°. Il y a l'isthme du Panama en Amérique, et celle de Suez entre l'Asie et l'Afrique; ces deux isthmes empêchent la jonction de quatre Mers, et sont cause que, pour faire le tour de la Terre par eau, il faut environ trois ans, et s'exposer sur des Mers orageuses et très-souvent glacées, et sur des Côtes inhabitées. Il faut couper chacune de ces deux isthmes d'une Mer à l'autre par un canal d'environ soixante pieds de large, trente de profondeur, et environ quarante lieues de long; au moyen de ces deux canaux, l'on fera le tour du Globe terrestre, par eau, dans environ dix mois, et sur des Mers toujours bonnes pour la Navigation, et très-commodes pour établir sur toutes les Côtes de nouveaux commerces très-utiles entre plusieurs Nations. Voilà un grand nombre de moyens (sans compter une infinité d'autres que je serois trop long à détailler) qui sont plus que suffisans pour faire circuler toutes les finances de chaque État. Voilà, dis-je, des

moyens réellement dignes d'occuper très-
sérieusement tous les Souverains et leurs
principaux Ministres, parce qu'ils éleveroient, comme j'ai déjà dit, dans une
gloire immortelle, tous ceux qui travail-
leroient efficacement à les faire valoir (1).

CINQUIEME OBJECTION.

« La Guerre est utile pour détruire les
» malfaiteurs, et pour empêcher que la
» Terre ne se peuple trop. »

RÉPONSE.

Si la Guerre ne détruisoit que des malfaiteurs, à la bonne heure, mais c'est
bien le contraire, car elle fait périr beaucoup plus d'honnêtes gens, et augmente

---

(1) *Nota.* Pour couper ces deux isthmes, il sera
très-difficile et dispendieux, mais il ne sera pas
impossible aux Souverains de l'Europe, lorsqu'ils seront unis par un Congrès intègre et
perpétuel ; car, s'ils font à ces deux canaux
autant de dépenses comme ils en ont fait à la
Guerre pendant les cinquante dernières années,
il est très-certain qu'ils seront tous les deux per-
fectionnés dans environ quinze ans.

très-fort le nombre des malfaiteurs ; attendu qu'à la faveur des troubles et des ténèbres dont la Guerre est toujours accompagnée, ces derniers se multiplient, triomphent et commettent impunément mille désordres ; au lieu que, pendant le calme de la Paix, ils ne peuvent presque pas commettre aucun crime impunément. La Justice que chaque Souverain peut faire exercer en tems de Paix, est beaucoup plus puissante, plus clairvoyante et plus intègre que la Guerre, pour contenir et même pour détruire les malfaiteurs.

Si en Europe il y avoit encore autant de peuple comme il y en a, on y cultiveroit mieux la Terre, et elle produiroit suffisamment de fruits pour nourrir encore autant de peuple comme elle en nourrit ; conséquemment la Guerre n'est pas utile pour détruire les malfaiteurs, ni pour empêcher le trop de population.

SIXIEME OBJECTION.

« Plusieurs Souverains ne voudront
» point souscrire au second moyen, at-
» tendu qu'ils seroient obligés de céder

» la préséance à plusieurs qui la leur
» donnent. »

RÉPONSE.

Si l'on proposoit de donner la préséance au plus sage, ou au plus puissant,
ou au plus équitable, &c. il est certain
que plusieurs se croiroient lésés, et qu'ils
n'y acquiesceroient pas ; mais comme il
ne s'agit que d'une convention de simple
politesse, où chacun tient le rang que la
noble simplicité de la nature lui a donné,
et qu'elle ne déroge en rien à la puissance
ni à la sagesse, &c. les Souverains sont
trop bienfaisants pour n'y pas souscrire,
en considération du bien infini qu'il en
viendra à tous les Peuples, attendu que
c'est un article des plus faciles, des plus
justes et des plus principaux pour établir
et maintenir la Paix perpétuelle.

SEPTIEME OBJECTION.

« Il y a plusieurs mauvais sujets dont
» les Souverains ne peuvent se passer en
» tems de Guerre, et desquels ils n'ont
» aucun besoin en tems de Paix. Ces
» gens-là font des concussions énormes,

» à la faveur des ténèbres de la Guerre,
» et n'en peuvent point faire dans le
» calme de la Paix. Pendant la Guerre,
» les Souverains dépendent en quelque
» façon d'eux, et, pendant la Paix, ce
» sont eux qui dépendent des Souverains.
» L'histoire fournit plusieurs exemples de
» ces sortes de gens, que pour s'enrichir
» et se rendre nécessaires à leurs Maîtres
» (sous l'apparence d'une fidélité à toute
» épreuve, et d'un zèle le plus sincère),
» ils leur ont suscité une infinité de
» guerres ; tantôt en faisant secrétement
» révolter les peuples de quelques Villes
» ou de quelques Provinces ; tantôt en
» faisant ou faisant faire quelque insulte
» à leurs voisins, et en soutenant ensuite
» qu'eux-mêmes l'avoient reçue ; tantôt
» en leur persuadant qu'ils avoient de
» grands droits dans des Pays où ils n'a-
» voient rien à prétendre, &c. Consé-
» quemment ces méchants sujets empê-
» cheront toujours l'établissement de la
» Paix perpétuelle, sous mille prétextes
» différents et faux. »

RÉPONSE.

De toutes les difficultés contre l'établissement de la Paix, il faut convenir que celle-ci est la plus difficile à surmonter ; néanmoins, en observant exactement le septième et huitième moyen ci-devant, cette difficulté se trouvera applanie, et tombera d'elle-même. Premièrement, parce qu'un très-grand nombre de particuliers que leur propre besoin auroit forcés à desirer et même à susciter la Guerre pour avoir de l'emploi, ou pour en donner à leurs protégés, se trouveront intéressés à adopter le systême de Paix. Secondement, parce que le nombre des méchants et insatiables (qui préfèrent à la tranquillité publique les concussions et rapines qu'ils font pendant les troubles de la Guerre) n'osera se montrer, ou on le trouvera si abominable et si foible, que personne ne voudra l'écouter, et il ne pourra nuire ni à l'établissement ni à la durée de la Paix.

HUITIEME OBJECTION.

« Environ l'an 1606, HENRI LE
» GRAND, assisté de Sully, son prin-

» cipal Ministre , proposa d'établir la
» Paix perpétuelle entre tous les Souve-
» rains d'Europe; sa proposition ne fut
» point admise. En 1712, l'Abbé de
» Saint-Pierre donna au Public un très-
» bon Ouvrage tendant aux mêmes fins ;
» cet Ouvrage ne fut point adopté; con-
» séquemment celui-ci restera de même
» sans effet. »

RÉPONSE.

On a tout lieu de croire que le premier Projet etoit bon , parce qu'il étoit l'ouvrage de deux grands hommes très-judicieux. L'on doit être persuadé que le second étoit encore meilleur , parce qu'il étoit la quintessence du premier , et augmenté de plusieurs nouveaux moyens trouvés par son Auteur. Enfin , l'on doit être convaincu que ce troisième est encore meilleur que les deux autres , et qu'il ne peut pas manquer d'être adopté; premièrement , parce qu'il est la quintessence du premier et du second ; secondement , parce qu'il est aussi augmenté de plusieurs nouveaux moyens inventés par son Auteur ; et troisièmement , parce que les

Souverains d'aujourd'hui, de même que leurs principaux Ministres , sont plus éclairés et plus judicieux que ceux de ce tems-là, et conféquemment plus humains, plus bienfaifans , et plus portés à la Paix.

NEUVIEME OBJECTION.

« Une affaire de si grande importance » ne doit être traitée que par des Souve- » rains , ou par des Princes du Sang , ou » par des Conseillers d'État, ou au moins » par des Gens revêtus de quelque Emploi » public, et il ne doit être permis à aucun » simple particulier de s'en mêler. »

RÉPONSE.

Les Souverains , les Princes du Sang, les Conseillers d'État , et généralement tous ceux qui sont revêtus de quel Em-ploi public que ce puisse être , sont, par leurs Charges, obligés à travailler pour ce même public, et conséquemment obli-gés à travailler pour établir la Paix per-pétuelle, qui sera un de ses plus grands biens. Néanmoins, si un simple particu-lier, quel que ce puisse être , veut proposer les moyens qui lui paroissent les plus convenables pour établir cette Paix, cela doit lui être permis, et personne ne doit s'y opposer, afin qu'il puisse exercer son zèle envers les Souverains, et sa bienfaisance envers le public dont il est membre; et parce que quelquefois il peut faire quelque découverte ou proposition intéressante, aussi bien qu'un homme en place. On sait assez que les plus belles et les plus utiles inventions sont dues au hasard, et qu'un génie médiocre est quelquefois plus heureux qu'un génie supérieur.

DIXIEME OBJECTION.

« L'histoire et l'expérience nous ap-
» prennent que de tous tems les Souve-
» rains ont eu Guerre entre eux ; d'où l'on
» peut conclure qu'ils en auront toujours,
» et qu'il faut qu'il y ait du sang répandu,
» c'est-à-dire, des Guerres, pour ter-
» miner plusieurs de leurs différends. »

RÉPONSE.

Jadis les Souverains d'Allemagne, les Seigneurs de France, de Pologne, et de plusieurs autres endroits , terminoient presque tous leurs différends par la voie de la Guerre ; ils armoient leurs sujets les uns contre les autres , et ils remplissoient les Pays de meurtres et de violences ; la Noblesse regardoit cet usage barbare comme le plus beau de ses privilèges.

Les uns et les autres ayant reconnu que la Guerre n'étoit qu'un chétif reste de la barbarie des premiers siècles, et une marque de l'ignorance des premiers Souverains , et qu'elle causoit des dommages énormes à eux-mêmes et à leurs peuples, ils prirent le sage parti d'établir entre eux la Paix perpétuelle ; c'est-à-dire, qu'ils convinrent de terminer tous leurs différends d'une manière amicale et humaine , par les jugements de divers Congrès , tels que sont les Diettes en Allemagne et en Pologne, et les Parlements et Conseils Supérieurs en France.

Cette Paix dure encore aujourd'hui dans tous ces Pays-là, et il y a toute apparence qu'elle y durera tant qu'il y aura des hommes. Ce heureuses révolutions , jointes à la bienfaisance dont les Souverains se font gloire et plaisir d'exercer envers tous les Peuples, donnent lieu d'espérer qu'ils embrasseront aussi le même syftême de Paix, par un Congrès qu'ils établiront incessamment, pour etre toujours attentifs à terminer tous leurs différends d'une manière honnête, amiable, paisible et intègre.

ONZIEME OBJECTION.

« Si les Souverains étoient toujours
» d'accord entre eux, ils ne craindroient
» jamais la révolte d'aucune de leurs
» Villes ou Provinces, et alors ils char-
» geroient leurs Peuples d'impôts si ex-
» cessifs, qu'ils en feroient d'espèces de
» vils efclaves. »

RÉPONSE.

Les Souverains qui vivent en Paix de-puis le plus long-tems, sont ceux dont les Peuples sont les moins chargés d'im-pôts, et ceux qui sont les plus heureux. La Guerre seule est la cause des impôts excessifs dont plusieurs Souverains ont été forcés de surcharger leurs Peuples ; d'où l'on peut conclure qu'elle n'est pas utile pour empêcher les Souverains d'augmenter les impôts ; bien au contraire, c'est la continuation de la Guerre qui empêche de les décharger d'une partie.

DOUZIEME OBJECTION.

« Il auroit fallu proposer de donner la
» Présidence du Congrès au Ministre du
» plus puissant Souverain , parce qu'il
» établiroit et maintiendroit l'union uni-
» verselle par le seul honneur qu'il auroit
» d'en être le Chef, ou au moins la donner
» chacun à son tour. »

RÉPONSE.

En donnant la Présidence au plus puissant , cela lui donneroit une espèce de superiorité qui ne plairoit pas à tous les Souverains , et qui en empêcheroit plusieurs d'entrer dans l'union , afin de ne point reconnoître une espèce de Supérieur dans la personne du Président perpétuel , qui seroit peut-être quelquefois un enfant sans expérience , et rarement un Doyen consommé dans l'art de bien gouverner.

En donnant la Présidence chacun à son tour , cela rebuteroit également plusieurs

Souverains d'entrer dans l'union, afin de n'être pas quelquefois obligés de déférer à l'avis du Médiateur d'un Souverain moins puissant, moins sage, moins intègre, et, pour comble de répugnance, moins âgé qu'eux.

Finalement, il est à propos de donner la Présidence au Doyen ; premièrement, parce que, par rapport à son âge, il méritera toujours une espèce de respect qui ne déplaira jamais à personne, attendu que celui qu'on rend à l'ancienneté d'âge a toujours une espèce de rapport à celui que la créature doit à son Créateur, et parce que chacun desire de se voir fort âgé ; et secondement, parce qu'un Souverain d'un âge avancé est ordinairement plus pacifique qu'un jeune, attendu qu'ayant plus d'expérience, il a plus de discernement, et il connoît mieux le prix inestimable de la Paix. D'ailleurs, la foiblesse de son corps et la tiédeur de son sang l'engagent naturellement à rejeter les fatigues et les soins qu'il faut toujours prendre pour soutenir la Guerre, afin de jouir du repos et de la tranquillité dont la Paix est toujours accompagnée.

TREIZIEME OBJECTION.

« Présentement que deux des princi-
» paux partis d'Europe sont en Guerre,
» il n'est pas tems de proposer la Paix
» perpétuelle, il auroit fallu attendre
» qu'ils eussent fait leur Paix particulière.»

RÉPONSE.

Toute sorte de tems peut être employé utilement à traiter de la Paix universelle ; si l'on en traite sérieusement en tems de Guerre, l'on facilitera la Paix particulière.

Si l'on en traite pendant les conférences de la Paix, l'on en accélérera la conclusion.

Et si l'on en traite pendant la Paix, l'on en établira la durée : de sorte que, pour une affaire si intéressante et si facile, on ne doit faire aucun retardement, l'on doit y travailler dès-à-présent, et même avec toute l'activité possible.

FIN.

www.ingramcontent.com/pod-product-compliance
Lightning Source LLC
Chambersburg PA
CBHW051735050726
47598CB00003B/1198